Falls gefunden, wenden Sie sich bitte an

_____

_____

© Edward Buth
www.kalendarium24.de

Unser Angebot

Produktion und –Distribution

Redaktionsbüro Lindo

Scan mich! Weitere Kalender und Terminplaner, die ebenfalls für Sie interessant sind!

Kalendarium24.de

ISBN: **9781692779108**
Imprint: Independently published

Impressum

Business Planer 2020
Organizer, Timer, Terminplaner, Kalender, Wochenkalender für ein optimales Zeitmanagement

von Edward Buth

Der vorliegende Titel wurde mit großer Sorgfalt erstellt. Dennoch können Fehler nicht vollkommen ausgeschlossen werden. Der Autor und das Team von **Kalendarium24.de** übernehmen daher keine juristische Verantwortung und keinerlei Haftung für Schäden, die aus der Benutzung dieses Buches oder Teilen davon entstehen. Insbesondere sind der Autor und das Team von **Kalendarium24.de** nicht verpflichtet, Folge- oder mittelbare Schäden zu ersetzen.

Alle Warennamen werden ohne Gewährleistung der freien Verwendbarkeit benutzt und sind möglicherweise eingetragene Warenzeichen. Der Verlag richtet sich im Wesentlichen nach den Schreibweisen der Hersteller.

Cover-Foto: © Redaktionsbüro Lindo

Das Werk einschließlich aller seiner Teile ist urheberrechtlich geschützt. Jede Verwertung - auch auszugsweise - ist nur mit Zustimmung des Autors/Verlages erlaubt. Alle Rechte vorbehalten.

© 2019 by Wilfred Lindo Marketingberatung / Redaktionsbüro Lindo

Business Timer 2020

Natürlich wollen Sie auch im Jahr 2020 ihren beruflichen Erfolg fortsetzen oder sogar noch steigern. Dazu müssen Sie im ersten Schritt die notwendigen Ziele für das kommende Jahr definieren. Nur wer das Ziel kennt, kann auch den richtigen Weg einschlagen. Dafür bietet der Business Planer 2020 auf rund 240 Seiten genügend Raum, alle erforderlichen Schritte zu verfolgen.

Dieser Planer bietet ausreichend Platz, um die **gesetzten Ziele** jederzeit im Auge zu behalten. So definieren Sie gleich zu Beginn des Jahres die wichtigsten beruflichen Ziele. Anschließend können Sie diese monatlich, wöchentlich und täglich auf kleinere Teilziele verteilen. Ihre Ziele lassen sich ganz einfach über das gesamte Jahr mit dem vorliegenden **Business Timer** verfolgen. Genau diese Vorgehensweise ist der Schlüssel zum beruflichen Erfolg.

Ein wichtiger Aspekt bei dem eigenen **beruflichen Erfolg** ist zweifelsohne das Einkommen. Auch dies lässt sich mit diesem Planer mühelos planen. Zudem ist es extrem wichtig, die anfallenden **Aufgaben und Anforderungen** nach Wichtigkeit zu unterteilen. Sie liefert der neue Business Planer das passende Rüstzeug, um diese Unterteilung jede Woche korrekt vorzunehmen. Nur wer sich auf die wirklich wichtigen Dinge im Beruf konzentriert, kann am Ende erfolgreich sein. Entsprechend liefert der Planer die Chance, jeden Monat das Erreichte zu überprüfen. Mit einem monatlichen Resümee können auch im laufenden Jahr noch Korrekturen bei der eigenen Arbeit vorgenommen werden.

Wer über das gesamte Jahr **2020** den Überblick behält, kann durch eine gute Planung die täglichen Anforderungen mühelos bewältigen. Dabei greifen die Menschen in einer zunehmend digitalisierten Welt wieder verstärkt zu einem analogen Planer, der mühelos an die eigenen Vorlieben angepasst werden kann. Damit lässt sich mühelos das kommende Jahr mit allen beruflichen Aktivitäten planen. Durch den gezielten Einsatz dieses Planers wird das Jahr 2020 den **beruflichen Erfolg** bringen.

Berufliche Ziele für 2020

1 ....
....
....

2 ....
....
....

3 ....
....
....

4 ....
....
....

Persönliche Ziele für 2020

1 ....
....
....

2 ....
....
....

3 ....
....
....

4 ....
....
....

Karriereplan für 2020

....
....
....
....
....
....
....
....
....
....
....
....
....

Jahreseinkommen

Monat	Bruttoeinkommen gesamt	Bruttoaufwendungen gesamt	Gesamt-Nettoeinkommen
Januar			
Februar			
März			
April			
Mai			
Juni			
Juli			
August			
September			
Oktober			
November			
Dezember			
Gesamt			

Einsparungen

Sparen für		Zielbetrag	
		Einsparung	

Datum	Details	Betrag	Saldo
	Saldo		
		Gesamtbetrag	

2020

Januar

M	D	M	D	F	S	S
		1	2	3	4	5
6	7	8	9	10	11	12
13	14	15	16	17	18	19
20	21	22	23	24	25	26
27	28	29	30	31		

Februar

M	D	M	D	F	S	S
					1	2
3	4	5	6	7	8	9
10	11	12	13	14	15	16
17	18	19	20	21	22	23
24	25	26	27	28	29	

März

M	D	M	D	F	S	S
						1
2	3	4	5	6	7	8
9	10	11	12	13	14	15
16	17	18	19	20	21	22
23	24	25	26	27	28	29
30	31					

April

M	D	M	D	F	S	S
		1	2	3	4	5
6	7	8	9	10	11	12
13	14	15	16	17	18	19
20	21	22	23	24	25	26
27	28	29	30			

Mai

M	D	M	D	F	S	S
				1	2	3
4	5	6	7	8	9	10
11	12	13	14	15	16	17
18	19	20	21	22	23	24
25	26	27	28	29	30	31

Juni

M	D	M	D	F	S	S
1	2	3	4	5	6	7
8	9	10	11	12	13	14
15	16	17	18	19	20	21
22	23	24	25	26	27	28
29	30					

Juli

M	D	M	D	F	S	S
		1	2	3	4	5
6	7	8	9	10	11	12
13	14	15	16	17	18	19
20	21	22	23	24	25	26
27	28	29	30	31		

August

M	D	M	D	F	S	S
					1	2
3	4	5	6	7	8	9
10	11	12	13	14	15	16
17	18	19	20	21	22	23
24	25	26	27	28	29	30
31						

September

M	D	M	D	F	S	S
	1	2	3	4	5	6
7	8	9	10	11	12	13
14	15	16	17	18	19	20
21	22	23	24	25	26	27
28	29	30				

Oktober

M	D	M	D	F	S	S
			1	2	3	4
5	6	7	8	9	10	11
12	13	14	15	16	17	18
19	20	21	22	23	24	25
26	27	28	29	30	31	

November

M	D	M	D	F	S	S
						1
2	3	4	5	6	7	8
9	10	11	12	13	14	15
16	17	18	19	20	21	22
23	24	25	26	27	28	29
30						

Dezember

M	D	M	D	F	S	S
	1	2	3	4	5	6
7	8	9	10	11	12	13
14	15	16	17	18	19	20
21	22	23	24	25	26	27
28	29	30	31			

Mo.	Di.	Mi.	Do.	Fr.	Sa.	So.
		1	2	3	4	5
6	7	8	9	10	11	12
13	14	15	16	17	18	19
20	21	22	23	24	25	26
27	28	29	30	31		

Januar
2020

Ziele	Belohnungen

Montag - 30. Dez 2019

....
....
....
....
....
....

Dienstag - 31. Dez 2019

....
....
....
....
....
....

Mittwoch - 01. Jan 2020

....
....
....
....
....
....

Donnerstag - 02. Jan 2020

....
....
....
....
....
....

Freitag - 03. Jan 2020

....
....
....
....
....
....

Samstag - 04. Jan 2020

....
....
....
....
....
....

Sonntag - 05. Jan 2020

Anmerkungen

Wichtiges	Eiliges

Unwichtiges	Nicht Eiliges

Vorbereiten	Verfolgen

Lesen	Anschauen

Montag - 06. Jan 2020

....
....
....
....
....
....

Dienstag - 07. Jan 2020

....
....
....
....
....
....

Mittwoch - 08. Jan 2020

....
....
....
....
....
....

Donnerstag - 09. Jan 2020

....
....
....
....
....
....

Freitag - 10. Jan 2020

....
....
....
....
....
....

Samstag - 11. Jan 2020

....
....
....
....
....
....

Sonntag - 12. Jan 2020

Anmerkungen

Wichtiges	Eiliges

Unwichtiges	Nicht Eiliges

Vorbereiten

....
....
....
....
....
....
....
....
....
....

Verfolgen

....
....
....
....
....
....
....
....
....
....

Lesen

....
....
....
....
....
....
....
....
....
....

Anschauen

....
....
....
....
....
....
....
....
....
....

Montag - 13. Jan 2020

....
....
....
....
....
....

Dienstag - 14. Jan 2020

....
....
....
....
....
....

Mittwoch - 15. Jan 2020

....
....
....
....
....
....

Donnerstag - 16. Jan 2020

....
....
....
....
....
....

Freitag - 17. Jan 2020

....
....
....
....
....
....

Samstag - 18. Jan 2020

....
....
....
....
....
....

Sonntag - 19. Jan 2020

....
....
....
....
....
....

Anmerkungen

Wichtiges	Eiliges

Unwichtiges	Nicht Eiliges

Vorbereiten

Verfolgen

Lesen

Anschauen

Montag - 20. Jan 2020

....
....
....
....
....
....

Dienstag - 21. Jan 2020

....
....
....
....
....
....

Mittwoch - 22. Jan 2020

....
....
....
....
....
....

Donnerstag - 23. Jan 2020

....
....
....
....
....
....

Freitag - 24. Jan 2020

....
....
....
....
....
....

Samstag - 25. Jan 2020

....
....
....
....
....
....

Sonntag - 26. Jan 2020

....
....
....
....
....
....

Anmerkungen

Wichtiges	Eiliges

Unwichtiges	Nicht Eiliges

Vorbereiten

Verfolgen

Lesen

Anschauen

Montag - 27. Jan 2020

....
....
....
....
....
....

Dienstag - 28. Jan 2020

....
....
....
....
....
....

Mittwoch - 29. Jan 2020

....
....
....
....
....
....

Donnerstag - 30. Jan 2020

....
....
....
....
....
....

Freitag - 31. Jan 2020

....
....
....
....
....
....

Samstag - 01. Feb 2020

....
....
....
....
....
....

Sonntag - 02. Feb 2020

Anmerkungen

Wichtiges

....
....
....
....
....
....
....
....

Eiliges

....
....
....
....
....
....
....
....

Unwichtiges

....
....
....
....
....
....
....
....

Nicht Eiliges

....
....
....
....
....
....
....
....

Vorbereiten

Verfolgen

Lesen

Anschauen

Monatlicher Überblick

Was funktioniert gut?

....
....
....
....
....

Was muss geändert werden?

....
....
....
....
....
....

Verbesserungen

....
....
....
....
....
....

Mo.	Di.	Mi.	Do.	Fr.	Sa.	So.
					1	2
3	4	5	6	7	8	9
10	11	12	13	14	15	16
17	18	19	20	21	22	23
24	25	26	27	28	29	

Februar
2020

Ziele	Belohnungen

Montag - 03. Feb 2020

....
....
....
....
....
....

Dienstag - 04. Feb 2020

....
....
....
....
....
....

Mittwoch - 05. Feb 2020

....
....
....
....
....
....

Donnerstag - 06. Feb 2020

....
....
....
....
....
....

Freitag - 07. Feb 2020

....
....
....
....
....
....

Samstag - 08. Feb 2020

....
....
....
....
....
....

Sonntag - 09. Feb 2020

Anmerkungen

Wichtiges	Eiliges

Unwichtiges	Nicht Eiliges

Vorbereiten

....
....
....
....
....
....
....
....
....
....

Verfolgen

....
....
....
....
....
....
....
....
....
....

Lesen

....
....
....
....
....
....
....
....
....
....

Anschauen

....
....
....
....
....
....
....
....
....
....

Montag - 10. Feb 2020

....
....
....
....
....
....

Dienstag - 11. Feb 2020

....
....
....
....
....
....

Mittwoch - 12. Feb 2020

....
....
....
....
....
....

Donnerstag - 13. Feb 2020

....
....
....
....
....
....

Freitag - 14. Feb 2020

....
....
....
....
....
....

Samstag - 15. Feb 2020

....
....
....
....
....
....

Sonntag - 16. Feb 2020

Anmerkungen

Wichtiges	Eiliges

Unwichtiges	Nicht Eiliges

Vorbereiten

....
....
....
....
....
....
....
....
....
....

Verfolgen

....
....
....
....
....
....
....
....
....
....

Lesen

....
....
....
....
....
....
....
....
....
....

Anschauen

....
....
....
....
....
....
....
....
....
....

Montag - 17. Feb 2020

....
....
....
....
....
....

Dienstag - 18. Feb 2020

....
....
....
....
....
....

Mittwoch - 19. Feb 2020

....
....
....
....
....
....

Donnerstag - 20. Feb 2020

....
....
....
....
....
....

Freitag - 21. Feb 2020

....
....
....
....
....
....

Samstag - 22. Feb 2020

....
....
....
....
....
....

Sonntag - 23. Feb 2020

Anmerkungen

Wichtiges	Eiliges

Unwichtiges	Nicht Eiliges

Vorbereiten

Verfolgen

Lesen

Anschauen

Montag - 24. Feb 2020

....
....
....
....
....
....

Dienstag - 25. Feb 2020

....
....
....
....
....
....

Mittwoch - 26. Feb 2020

....
....
....
....
....
....

Donnerstag - 27. Feb 2020

....
....
....
....
....
....

Freitag - 28. Feb 2020

....
....
....
....
....
....

Samstag - 29. Feb 2020

....
....
....
....
....
....

Sonntag - 01. März 2020

Anmerkungen

Wichtiges	Eiliges

Unwichtiges	Nicht Eiliges

Vorbereiten

Verfolgen

Lesen

Anschauen

Monatlicher Überblick

Was funktioniert gut?

....
....
....
....
....

Was muss geändert werden?

....
....
....
....
....
....

Verbesserungen

....
....
....
....
....
....

Mo.	Di.	Mi.	Do.	Fr.	Sa.	So.
						1
2	3	4	5	6	7	8
9	10	11	12	13	14	15
16	17	18	19	20	21	22
23	24	25	26	27	28	29
30	31					

März
2020

Ziele	Belohnungen

Montag - 02. März 2020

Dienstag - 03. März 2020

Mittwoch - 04. März 2020

Donnerstag - 05. März 2020

Freitag - 06. März 2020

Samstag - 07. März 2020

Sonntag - 08. März 2020

Anmerkungen

Wichtiges	Eiliges

Unwichtiges	Nicht Eiliges

Vorbereiten

Verfolgen

Lesen

Anschauen

Montag - 09. März 2020

Dienstag - 10. März 2020

Mittwoch - 11. März 2020

Donnerstag - 12. März 2020

Freitag - 13. März 2020

Samstag - 14. März 2020

Sonntag - 15. März 2020

Anmerkungen

Wichtiges	Eiliges

Unwichtiges	Nicht Eiliges

Vorbereiten

....
....
....
....
....
....
....
....
....
....

Verfolgen

....
....
....
....
....
....
....
....
....
....

Lesen

....
....
....
....
....
....
....
....
....
....

Anschauen

....
....
....
....
....
....
....
....
....
....

Montag - 16. März 2020

Dienstag - 17. März 2020

Mittwoch - 18. März 2020

Donnerstag - 19. März 2020

Freitag - 20. März 2020

Samstag - 21. März 2020

Sonntag - 22. März 2020

Anmerkungen

Wichtiges	Eiliges

Unwichtiges	Nicht Eiliges

Vorbereiten

....
....
....
....
....
....
....
....
....

Verfolgen

....
....
....
....
....
....
....
....
....

Lesen

....
....
....
....
....
....
....
....
....
....

Anschauen

....
....
....
....
....
....
....
....
....
....

Montag - 23. März 2020

....
....
....
....
....
....

Dienstag - 24. März 2020

....
....
....
....
....
....

Mittwoch - 25. März 2020

....
....
....
....
....
....

Donnerstag - 26. März 2020

....
....
....
....
....
....

Freitag - 27. März 2020

....
....
....
....
....
....

Samstag - 28. März 2020

....
....
....
....
....
....

Sonntag - 29. März 2020

Anmerkungen

Wichtiges	Eiliges

Unwichtiges	Nicht Eiliges

Vorbereiten	Verfolgen

Lesen	Anschauen

Monatlicher Überblick

Was funktioniert gut?

....
....
....
....
....
....

Was muss geändert werden?

....
....
....
....
....
....
....

Verbesserungen

....
....
....
....
....
....
....

Mo.	Di.	Mi.	Do.	Fr.	Sa.	So.
		1	2	3	4	5
6	7	8	9	10	11	12
13	14	15	16	17	18	19
20	21	22	23	24	25	26
27	28	29	30			

April
2020

Ziele	Belohnungen

Montag - 30. März 2020

....
....
....
....
....
....

Dienstag - 31. März 2020

....
....
....
....
....
....

Mittwoch - 01. April 2020

....
....
....
....
....
....

Donnerstag - 02. April 2020

....
....
....
....
....
....

Freitag - 03. April 2020

....
....
....
....
....
....

Samstag - 04. April 2020

....
....
....
....
....
....

Sonntag - 05. April 2020

Anmerkungen

Wichtiges	Eiliges
....	....
....	....
....	....
....	....
....	....
....	....
....	....
....	....

Unwichtiges	Nicht Eiliges
....	....
....	....
....	....
....	....
....	....
....	....
....	....
....	....

Vorbereiten

....
....
....
....
....
....
....
....
....
....

Verfolgen

....
....
....
....
....
....
....
....
....
....

Lesen

....
....
....
....
....
....
....
....
....
....

Anschauen

....
....
....
....
....
....
....
....
....
....

Montag – 06. April 2020

....
....
....
....
....
....

Dienstag – 07. April 2020

....
....
....
....
....
....

Mittwoch – 08. April 2020

....
....
....
....
....
....

Donnerstag – 09. April 2020

....
....
....
....
....
....

Freitag – 10. April 2020

....
....
....
....
....
....

Samstag – 11. April 2020

....
....
....
....
....
....

Sonntag - 12. April 2020

Anmerkungen

Wichtiges	Eiliges

Unwichtiges	Nicht Eiliges

Vorbereiten

Verfolgen

Lesen

Anschauen

Montag - 13. April 2020

....
....
....
....
....
....

Dienstag - 14. April 2020

....
....
....
....
....
....

Mittwoch - 15. April 2020

....
....
....
....
....
....

Donnerstag - 16. April 2020

....
....
....
....
....
....

Freitag - 17. April 2020

....
....
....
....
....
....

Samstag - 18. April 2020

....
....
....
....
....
....

Sonntag - 19. April 2020

....
....
....
....
....
....
....

Anmerkungen

Wichtiges	Eiliges

....
....
....
....
....
....
....
....

Unwichtiges	Nicht Eiliges

....
....
....
....
....
....
....
....

Vorbereiten

....
....
....
....
....
....
....
....
....
....

Verfolgen

....
....
....
....
....
....
....
....
....
....

Lesen

....
....
....
....
....
....
....
....
....
....

Anschauen

....
....
....
....
....
....
....
....
....
....

Montag - 20. April 2020

....
....
....
....
....
....

Dienstag - 21. April 2020

....
....
....
....
....
....

Mittwoch - 22. April 2020

....
....
....
....
....
....

Donnerstag - 23. April 2020

....
....
....
....
....
....

Freitag - 24. April 2020

....
....
....
....
....
....

Samstag - 25. April 2020

....
....
....
....
....
....

Sonntag - 26. April 2020

Anmerkungen

Wichtiges	Eiliges
....	....

Unwichtiges	Nicht Eiliges
....	....

Vorbereiten	Verfolgen

Lesen	Anschauen

Montag - 27. April 2020

....
....
....
....
....
....

Dienstag - 28. April 2020

....
....
....
....
....
....

Mittwoch - 29. April 2020

....
....
....
....
....
....

Donnerstag - 30. April 2020

....
....
....
....
....
....

Freitag - 01. Mai 2020

....
....
....
....
....
....

Samstag - 02. Mai 2020

....
....
....
....
....
....

Sonntag - 03. Mai 2020

....

....

....

....

....

Anmerkungen

Wichtiges	Eiliges

Unwichtiges	Nicht Eiliges

Vorbereiten

....
....
....
....
....
....
....
....
....

Verfolgen

....
....
....
....
....
....
....
....
....

Lesen

....
....
....
....
....
....
....
....
....

Anschauen

....
....
....
....
....
....
....
....
....

Monatlicher Überblick

Was funktioniert gut?

....
....
....
....
....
....

Was muss geändert werden?

....
....
....
....
....
....

Verbesserungen

....
....
....
....
....
....

Mo.	Di.	Mi.	Do.	Fr.	Sa.	So.
				1	2	3
4	5	6	7	8	9	10
11	12	13	14	15	16	17
18	19	20	21	22	23	24
25	26	27	28	29	30	31

Mai
2020

Ziele	Belohnungen

Montag - 04. Mai 2020

....
....
....
....
....
....

Dienstag - 05. Mai 2020

....
....
....
....
....
....

Mittwoch - 06. Mai 2020

....
....
....
....
....
....

Donnerstag - 07. Mai 2020

....
....
....
....
....
....

Freitag - 08. Mai 2020

....
....
....
....
....
....

Samstag - 09. Mai 2020

....
....
....
....
....
....

Sonntag - 10. Mai 2020

Anmerkungen

Wichtiges	Eiliges
....	....
....	....
....	....
....	....
....	....
....	....
....	....
....	....

Unwichtiges	Nicht Eiliges
....	....
....	....
....	....
....	....
....	....
....	....
....	....
....	....

Vorbereiten

Verfolgen

Lesen

Anschauen

Montag - 11. Mai 2020

....
....
....
....
....
....

Dienstag - 12. Mai 2020

....
....
....
....
....
....

Mittwoch - 13. Mai 2020

....
....
....
....
....
....

Donnerstag - 14. Mai 2020

....
....
....
....
....
....

Freitag - 15. Mai 2020

....
....
....
....
....
....

Samstag - 16. Mai 2020

....
....
....
....
....
....

Sonntag - 17. Mai 2020

Anmerkungen

Wichtiges	Eiliges
....	....
....	....
....	....
....	....
....	....
....	....
....	....
....	....

Unwichtiges	Nicht Eiliges
....	....
....	....
....	....
....	....
....	....
....	....
....	....
....	....

Vorbereiten

Verfolgen

Lesen

Anschauen

Montag - 18. Mai 2020

....
....
....
....
....
....

Dienstag - 19. Mai 2020

....
....
....
....
....
....

Mittwoch - 20. Mai 2020

....
....
....
....
....
....

Donnerstag - 21. Mai 2020

....
....
....
....
....
....

Freitag - 22. Mai 2020

....
....
....
....
....
....

Samstag - 23. Mai 2020

....
....
....
....
....
....

Sonntag - 24. Mai 2020

....
....
....
....
....
....

Anmerkungen

Wichtiges	Eiliges
....	....
....	....
....	....
....	....
....	....
....	....
....	....
....	....

Unwichtiges	Nicht Eiliges
....	....
....	....
....	....
....	....
....	....
....	....
....	....
....	....

Vorbereiten

Verfolgen

Lesen

Anschauen

Montag - 25. Mai 2020

....
....
....
....
....
....
....

Dienstag - 26. Mai 2020

....
....
....
....
....
....
....

Mittwoch - 27. Mai 2020

....
....
....
....
....
....
....

Donnerstag - 28. Mai 2020

....
....
....
....
....
....
....

Freitag - 29. Mai 2020

....
....
....
....
....
....
....

Samstag - 30. Mai 2020

....
....
....
....
....
....
....

Sonntag - 31. Mai 2020

Anmerkungen

Wichtiges	Eiliges

Wichtiges

Eiliges

Unwichtiges

Nicht Eiliges

Vorbereiten

Verfolgen

Lesen

Anschauen

Monatlicher Überblick

Was funktioniert gut?

....
....
....
....
....

Was muss geändert werden?

....
....
....
....
....
....

Verbesserungen

....
....
....
....
....
....

Mo.	Di.	Mi.	Do.	Fr.	Sa.	So.
1	2	3	4	5	6	7
8	9	10	11	12	13	14
15	16	17	18	19	20	21
22	23	24	25	26	27	28
29	30					

Juni
2020

Ziele	Belohnungen

Montag - 01. Jun 2020

....
....
....
....
....
....

Dienstag - 02. Jun 2020

....
....
....
....
....
....

Mittwoch - 03. Jun 2020

....
....
....
....
....
....

Donnerstag - 04. Jun 2020

....
....
....
....
....
....

Freitag - 05. Jun 2020

....
....
....
....
....
....

Samstag - 06. Jun 2020

....
....
....
....
....
....

Sonntag - 07. Jun 2020

....
....
....
....
....
....

Anmerkungen

Wichtiges	Eiliges

Unwichtiges	Nicht Eiliges

Vorbereiten

Verfolgen

Lesen

Anschauen

Montag - 08. Jun 2020

....
....
....
....
....

Dienstag - 09. Jun 2020

....
....
....
....
....

Mittwoch - 10. Jun 2020

....
....
....
....
....
....

Donnerstag - 11. Jun 2020

....
....
....
....
....
....

Freitag - 12. Jun 2020

....
....
....
....
....

Samstag - 13. Jun 2020

....
....
....
....
....

Sonntag - 14. Jun 2020

....
....
....
....
....
....

Anmerkungen

....
....
....
....
....
....
....
....
....
....
....
....
....
....

Wichtiges	Eliges

Unwichtiges	Nicht Eiliges

Vorbereiten

Verfolgen

Lesen

Anschauen

Montag - 15. Jun 2020

....
....
....
....
....

Dienstag - 16. Jun 2020

....
....
....
....
....

Mittwoch - 17. Jun 2020

....
....
....
....
....

Donnerstag - 18. Jun 2020

....
....
....
....
....

Freitag - 19. Jun 2020

....
....
....
....
....

Samstag - 20. Jun 2020

....
....
....
....
....

Sonntag - 21. Jun 2020

....
....
....
....
....
....

Anmerkungen

....
....
....
....
....
....
....
....
....
....
....
....
....
....
....

Wichtiges	Eiliges

Unwichtiges	Nicht Eiliges

Vorbereiten	Verfolgen

Lesen	Anschauen

Montag - 22. Jun 2020

....
....
....
....
....
....

Dienstag - 23. Jun 2020

....
....
....
....
....
....

Mittwoch - 24. Jun 2020

....
....
....
....
....
....

Donnerstag - 25. Jun 2020

....
....
....
....
....
....

Freitag - 26. Jun 2020

....
....
....
....
....
....

Samstag - 27. Jun 2020

....
....
....
....
....
....

Sonntag - 28. Jun 2020

Anmerkungen

Wichtiges	Eiliges

Unwichtiges	Nicht Eiliges

Vorbereiten

Verfolgen

Lesen

Anschauen

Monatlicher Überblick

Was funktioniert gut?

....
....
....
....
....

Was muss geändert werden?

....
....
....
....
....
....

Verbesserungen

....
....
....
....
....
....

Mo.	Di.	Mi.	Do.	Fr.	Sa.	So.
		1	2	3	4	5
6	7	8	9	10	11	12
13	14	15	16	17	18	19
20	21	22	23	24	25	26
27	28	29	30	31		

Juli
2020

Ziele	Belohnungen

Montag - 29. Jun 2020

....
....
....
....
....
....

Dienstag - 30. Jun 2020

....
....
....
....
....
....

Mittwoch - 01. Jul 2020

....
....
....
....
....
....

Donnerstag - 02. Jul 2020

....
....
....
....
....
....

Freitag - 03. Jul 2020

....
....
....
....
....
....

Samstag - 04. Jul 2020

....
....
....
....
....
....

Sonntag - 05. Jul 2020

Anmerkungen

Wichtiges	Eiliges

Unwichtiges	Nicht Eiliges

Vorbereiten	Verfolgen

Lesen	Anschauen

Montag - 06. Jul 2020

Dienstag - 07. Jul 2020

Mittwoch - 08. Jul 2020

Donnerstag - 09. Jul 2020

Freitag - 10. Jul 2020

Samstag - 11. Jul 2020

Sonntag - 12. Jul 2020

....
....
....
....
....
....

Anmerkungen

....
....
....
....
....
....
....
....
....
....
....
....

Wichtiges

....
....
....
....
....
....
....
....

Eiliges

....
....
....
....
....
....
....
....

Unwichtiges

....
....
....
....
....
....
....
....

Nicht Eiliges

....
....
....
....
....
....
....
....

Vorbereiten

Verfolgen

Lesen

Anschauen

Montag - 13. Jul 2020

....
....
....
....
....
....

Dienstag - 14. Jul 2020

....
....
....
....
....
....

Mittwoch - 15. Jul 2020

....
....
....
....
....
....

Donnerstag - 16. Jul 2020

....
....
....
....
....
....

Freitag - 17. Jul 2020

....
....
....
....
....
....

Samstag - 18. Jul 2020

....
....
....
....
....
....

Sonntag - 19. Jul 2020

Anmerkungen

Wichtiges	Eiliges

Unwichtiges	Nicht Eiliges

Vorbereiten

....
....
....
....
....
....
....
....
....
....

Verfolgen

....
....
....
....
....
....
....
....
....
....

Lesen

....
....
....
....
....
....
....
....
....
....

Anschauen

....
....
....
....
....
....
....
....
....
....

Montag - 20. Jul 2020

....
....
....
....
....
....

Dienstag - 21. Jul 2020

....
....
....
....
....
....

Mittwoch - 22. Jul 2020

....
....
....
....
....
....

Donnerstag - 23. Jul 2020

....
....
....
....
....
....

Freitag - 24. Jul 2020

....
....
....
....
....
....

Samstag - 25. Jul 2020

....
....
....
....
....
....

Sonntag - 26. Jul 2020

Anmerkungen

Wichtiges	Eiliges

Unwichtiges	Nicht Eiliges

Vorbereiten

Verfolgen

Lesen

Anschauen

Montag - 27. Jul 2020

....
....
....
....
....
....

Dienstag - 28. Jul 2020

....
....
....
....
....
....

Mittwoch - 29. Jul 2020

....
....
....
....
....
....

Donnerstag - 30. Jul 2020

....
....
....
....
....
....

Freitag - 31. Jul 2020

....
....
....
....
....
....

Samstag - 01. Aug 2020

....
....
....
....
....
....

Sonntag - 02. Aug 2020

Anmerkungen

Wichtiges	Eiliges

Unwichtiges	Nicht Eiliges

Vorbereiten

....
....
....
....
....
....
....
....
....
....

Verfolgen

....
....
....
....
....
....
....
....
....
....

Lesen

....
....
....
....
....
....
....
....
....
....

Anschauen

....
....
....
....
....
....
....
....
....
....

Monatlicher Überblick

Was funktioniert gut?

....
....
....
....
....
....

Was muss geändert werden?

....
....
....
....
....
....

Verbesserungen

....
....
....
....
....
....

Mo.	Di.	Mi.	Do.	Fr.	Sa.	So.
					1	2
3	4	5	6	7	8	9
10	11	12	13	14	15	16
17	18	19	20	21	22	23
24	25	26	27	28	29	30
31						

August
2020

Ziele	Belohnungen

Montag - 03. Aug 2020

....
....
....
....
....

Dienstag - 04. Aug 2020

....
....
....
....
....

Mittwoch - 05. Aug 2020

....
....
....
....
....

Donnerstag - 06. Aug 2020

....
....
....
....
....

Freitag - 07. Aug 2020

....
....
....
....
....

Samstag - 08. Aug 2020

....
....
....
....
....

Sonntag - 09. Aug 2020

Anmerkungen

Wichtiges	Eiliges

Unwichtiges	Nicht Eiliges

Vorbereiten

Verfolgen

Lesen

Anschauen

Montag - 10. Aug 2020

....
....
....
....
....
....

Dienstag - 11. Aug 2020

....
....
....
....
....
....

Mittwoch - 12. Aug 2020

....
....
....
....
....
....

Donnerstag - 13. Aug 2020

....
....
....
....
....
....

Freitag - 14. Aug 2020

....
....
....
....
....
....

Samstag - 15. Aug 2020

....
....
....
....
....
....

Sonntag - 16. Aug 2020

Anmerkungen

Wichtiges	Eiliges
....	....
....	....
....	....
....	....
....	....
....	....
....	....
....	....

Unwichtiges	Nicht Eiliges
....	....
....	....
....	....
....	....
....	....
....	....
....	....
....	....

Vorbereiten

Verfolgen

Lesen

Anschauen

Montag - 17. Aug 2020

....
....
....
....
....
....

Dienstag - 18. Aug 2020

....
....
....
....
....
....

Mittwoch - 19. Aug 2020

....
....
....
....
....
....

Donnerstag - 20. Aug 2020

....
....
....
....
....
....

Freitag - 21. Aug 2020

....
....
....
....
....
....

Samstag - 22. Aug 2020

....
....
....
....
....
....

Sonntag - 23. Aug 2020

Anmerkungen

Wichtiges	Eiliges
....	....
....	....
....	....
....	....
....	....
....	....
....	....
....	....

Unwichtiges	Nicht Eiliges
....	....
....	....
....	....
....	....
....	....
....	....
....	....
....	....

Vorbereiten

....
....
....
....
....
....
....
....
....
....

Verfolgen

....
....
....
....
....
....
....
....
....
....

Lesen

....
....
....
....
....
....
....
....
....
....
....
....

Anschauen

....
....
....
....
....
....
....
....
....
....
....
....

Montag - 24. Aug 2020

....
....
....
....
....
....

Dienstag - 25. Aug 2020

....
....
....
....
....
....

Mittwoch - 26. Aug 2020

....
....
....
....
....
....

Donnerstag - 27. Aug 2020

....
....
....
....
....
....

Freitag - 28. Aug 2020

....
....
....
....
....
....

Samstag - 29. Aug 2020

....
....
....
....
....
....

Sonntag - 30. Aug 2020

Anmerkungen

Wichtiges

....
....
....
....
....
....
....
....

Eiliges

....
....
....
....
....
....
....
....

Unwichtiges

....
....
....
....
....
....
....
....

Nicht Eiliges

....
....
....
....
....
....
....
....

Vorbereiten

Verfolgen

Lesen

Anschauen

Monatlicher Überblick

Was funktioniert gut?

....
....
....
....
....

Was muss geändert werden?

....
....
....
....
....
....

Verbesserungen

....
....
....
....
....
....

Mo.	Di.	Mi.	Do.	Fr.	Sa.	So.
	1	2	3	4	5	6
7	8	9	10	11	12	13
14	15	16	17	18	19	20
21	22	23	24	25	26	27
28	29	30				

September
2020

Ziele	Belohnungen

Montag - 31. Aug 2020

....
....
....
....
....
....

Dienstag - 01. Sep 2020

....
....
....
....
....
....

Mittwoch - 02. Sep 2020

....
....
....
....
....
....

Donnerstag - 03. Sep 2020

....
....
....
....
....
....

Freitag - 04. Sep 2020

....
....
....
....
....
....

Samstag - 05. Sep 2020

....
....
....
....
....
....

Sonntag - 06. Sep 2020

Anmerkungen

Wichtiges	Eiliges

Unwichtiges	Nicht Eiliges

Vorbereiten

Verfolgen

Lesen

Anschauen

Montag - 07. Sep 2020

....
....
....
....
....
....

Dienstag - 08. Sep 2020

....
....
....
....
....
....

Mittwoch - 09. Sep 2020

....
....
....
....
....
....

Donnerstag - 10. Sep 2020

....
....
....
....
....
....

Freitag - 11. Sep 2020

....
....
....
....
....
....

Samstag - 12. Sep 2020

....
....
....
....
....
....

Sonntag - 13. Sep 2020

Anmerkungen

Wichtiges	Eiliges
....	....
....	....
....	....
....	....
....	....
....	....
....	....
....	....
....	....

Unwichtiges	Nicht Eiliges
....	....
....	....
....	....
....	....
....	....
....	....
....	....
....	....
....	....

Vorbereiten

Verfolgen

Lesen

Anschauen

Montag - 14. Sep 2020

....
....
....
....
....
....

Dienstag - 15. Sep 2020

....
....
....
....
....
....

Mittwoch - 16. Sep 2020

....
....
....
....
....
....

Donnerstag - 17. Sep 2020

....
....
....
....
....
....

Freitag - 18. Sep 2020

....
....
....
....
....
....

Samstag - 19. Sep 2020

....
....
....
....
....
....

Sonntag - 20. Sep 2020

Anmerkungen

Wichtiges	Eiliges
………………………………………	………………………………………
………………………………………	………………………………………
………………………………………	………………………………………
………………………………………	………………………………………
………………………………………	………………………………………
………………………………………	………………………………………
………………………………………	………………………………………
………………………………………	………………………………………
Unwichtiges	**Nicht Eiliges**
………………………………………	………………………………………
………………………………………	………………………………………
………………………………………	………………………………………
………………………………………	………………………………………
………………………………………	………………………………………
………………………………………	………………………………………
………………………………………	………………………………………
………………………………………	………………………………………

Vorbereiten	Verfolgen

Lesen	Anschauen

Montag - 21. Sep 2020

....
....
....
....
....
....
....

Dienstag - 22. Sep 2020

....
....
....
....
....
....
....

Mittwoch - 23. Sep 2020

....
....
....
....
....
....
....

Donnerstag - 24. Sep 2020

....
....
....
....
....
....
....

Freitag - 25. Sep 2020

....
....
....
....
....
....
....

Samstag - 26. Sep 2020

....
....
....
....
....
....
....

Sonntag - 27. Sep 2020

Anmerkungen

Wichtiges	Eiliges
Unwichtiges	Nicht Eiliges

Vorbereiten

....
....
....
....
....
....
....
....
....
....

Verfolgen

....
....
....
....
....
....
....
....
....
....

Lesen

....
....
....
....
....
....
....
....
....
....

Anschauen

....
....
....
....
....
....
....
....
....
....

Montag - 28. Sep 2020

....
....
....
....
....
....

Dienstag - 29. Sep 2020

....
....
....
....
....
....

Mittwoch - 30. Sep 2020

....
....
....
....
....
....

Donnerstag - 01. Okt 2020

....
....
....
....
....
....

Freitag - 02. Okt 2020

....
....
....
....
....
....

Samstag - 03. Okt 2020

....
....
....
....
....
....

Sonntag - 04. Okt 2020

Anmerkungen

Wichtiges	Eiliges
....	....
....	....
....	....
....	....
....	....
....	....
....	....
....	....

Unwichtiges	Nicht Eiliges
....	....
....	....
....	....
....	....
....	....
....	....
....	....
....	....

Vorbereiten

....
....
....
....
....
....
....
....
....
....

Verfolgen

....
....
....
....
....
....
....
....
....
....

Lesen

....
....
....
....
....
....
....
....
....
....

Anschauen

....
....
....
....
....
....
....
....
....
....

Monatlicher Überblick

Was funktioniert gut?

....
....
....
....
....
....

Was muss geändert werden?

....
....
....
....
....
....

Verbesserungen

....
....
....
....
....
....

Mo.	Di.	Mi.	Do.	Fr.	Sa.	So.
			1	2	3	4
5	6	7	8	9	10	11
12	13	14	15	16	17	18
19	20	21	22	23	24	25
26	27	28	29	30	31	

Oktober
2020

Ziele	Belohnungen

Montag - 05. Okt 2020

Dienstag - 06. Okt 2020

Mittwoch - 07. Okt 2020

Donnerstag - 08. Okt 2020

Freitag - 09. Okt 2020

Samstag - 10. Okt 2020

Sonntag - 11. Okt 2020

Anmerkungen

Wichtiges	Eiliges
....	....
....	....
....	....
....	....
....	....
....	....
....	....
....	....

Unwichtiges	Nicht Eiliges
....	....
....	....
....	....
....	....
....	....
....	....
....	....
....	....

Vorbereiten

Verfolgen

Lesen

Anschauen

Montag - 12. Okt 2020

....
....
....
....
....
....

Dienstag - 13. Okt 2020

....
....
....
....
....
....

Mittwoch - 14. Okt 2020

....
....
....
....
....
....

Donnerstag - 15. Okt 2020

....
....
....
....
....
....

Freitag - 16. Okt 2020

....
....
....
....
....
....

Samstag - 17. Okt 2020

....
....
....
....
....
....

Sonntag - 18. Okt 2020

Anmerkungen

Wichtiges	Eiliges

Unwichtiges	Nicht Eiliges

Vorbereiten

Verfolgen

Lesen

Anschauen

Montag - 19. Okt 2020

Dienstag - 20. Okt 2020

Mittwoch - 21. Okt 2020

Donnerstag - 22. Okt 2020

Freitag - 23. Okt 2020

Samstag - 24. Okt 2020

Sonntag - 25. Okt 2020

Anmerkungen

Wichtiges	Eiliges
Unwichtiges	Nicht Eiliges

Vorbereiten

....
....
....
....
....
....
....
....
....

Verfolgen

....
....
....
....
....
....
....
....
....

Lesen

....
....
....
....
....
....
....
....
....

Anschauen

....
....
....
....
....
....
....
....
....

Montag - 26. Okt 2020

....
....
....
....
....
....

Dienstag - 27. Okt 2020

....
....
....
....
....
....

Mittwoch - 28. Okt 2020

....
....
....
....
....
....

Donnerstag - 29. Okt 2020

....
....
....
....
....
....

Freitag - 30. Okt 2020

....
....
....
....
....
....

Samstag - 31. Okt 2020

....
....
....
....
....
....

Sonntag - 01. Nov 2020

....
....
....
....
....
....

Anmerkungen

Wichtiges	Eiliges

Unwichtiges	Nicht Eiliges

Vorbereiten

....
....
....
....
....
....
....
....
....
....

Verfolgen

....
....
....
....
....
....
....
....
....
....

Lesen

....
....
....
....
....
....
....
....
....
....

Anschauen

....
....
....
....
....
....
....
....
....
....

Monatlicher Überblick

Was funktioniert gut?

....
....
....
....
....
....

Was muss geändert werden?

....
....
....
....
....
....

Verbesserungen

....
....
....
....
....
....

Mo.	Di.	Mi.	Do.	Fr.	Sa.	So.
						1
2	3	4	5	6	7	8
9	10	11	12	13	14	15
16	17	18	19	20	21	22
23	24	25	26	27	28	29
30						

November
2020

Ziele	Belohnungen

Montag - 02. Nov 2020

....
....
....
....
....
....
....

Dienstag - 03. Nov 2020

....
....
....
....
....
....
....

Mittwoch - 04. Nov 2020

....
....
....
....
....
....
....

Donnerstag - 05. Nov 2020

....
....
....
....
....
....
....

Freitag - 06. Nov 2020

....
....
....
....
....
....
....

Samstag - 07. Nov 2020

....
....
....
....
....
....
....

Sonntag - 08. Nov 2020

Anmerkungen

Wichtiges	Eiliges

Unwichtiges	Nicht Eiliges

Vorbereiten

....
....
....
....
....
....
....
....
....
....

Verfolgen

....
....
....
....
....
....
....
....
....
....

Lesen

....
....
....
....
....
....
....
....
....
....

Anschauen

....
....
....
....
....
....
....
....
....
....

Montag - 09. Nov 2020

Dienstag - 10. Nov 2020

Mittwoch - 11. Nov 2020

Donnerstag - 12. Nov 2020

Freitag - 13. Nov 2020

Samstag - 14. Nov 2020

Sonntag - 15. Nov 2020

....
....
....
....
....
....

Anmerkungen

....
....
....
....
....
....
....
....
....
....
....
....
....
....

Wichtiges	Eiliges

Unwichtiges	Nicht Eiliges

Vorbereiten

....
....
....
....
....
....
....
....
....
....

Verfolgen

....
....
....
....
....
....
....
....
....
....

Lesen

....
....
....
....
....
....
....
....
....
....

Anschauen

....
....
....
....
....
....
....
....
....
....

Montag - 16. Nov 2020

....
....
....
....
....
....

Dienstag - 17. Nov 2020

....
....
....
....
....
....

Mittwoch - 18. Nov 2020

....
....
....
....
....
....

Donnerstag - 19. Nov 2020

....
....
....
....
....
....

Freitag - 20. Nov 2020

....
....
....
....
....
....

Samstag - 21. Nov 2020

....
....
....
....
....
....

Sonntag - 22. Nov 2020

Anmerkungen

Wichtiges	Eiliges

Unwichtiges	Nicht Eiliges

Vorbereiten	Verfolgen

Lesen	Anschauen

Montag - 23. Nov 2020

....
....
....
....
....
....

Dienstag - 24. Nov 2020

....
....
....
....
....
....

Mittwoch - 25. Nov 2020

....
....
....
....
....
....

Donnerstag - 26. Nov 2020

....
....
....
....
....
....

Freitag - 27. Nov 2020

....
....
....
....
....
....

Samstag - 28. Nov 2020

....
....
....
....
....
....

Sonntag - 29. Nov 2020

Anmerkungen

Wichtiges	Eiliges

Unwichtiges	Nicht Eiliges

Vorbereiten

Verfolgen

Lesen

Anschauen

Monatlicher Überblick

Was funktioniert gut?

....
....
....
....
....

Was muss geändert werden?

....
....
....
....
....
....

Verbesserungen

....
....
....
....
....
....

Mo.	Di.	Mi.	Do.	Fr.	Sa.	So.
	1	2	3	4	5	6
7	8	9	10	11	12	13
14	15	16	17	18	19	20
21	22	23	24	25	26	27
28	29	30	31			

Dezember
2020

Ziele	Belohnungen

Montag - 30. Nov 2020

Dienstag - 01. Dez 2020

Mittwoch - 02. Dez 2020

Donnerstag - 03. Dez 2020

Freitag - 04. Dez 2020

Samstag - 05. Dez 2020

Sonntag - 06. Dez 2020

Anmerkungen

Wichtiges	Eiliges

Unwichtiges	Nicht Eiliges

Vorbereiten

Verfolgen

Lesen

Anschauen

Montag - 07. Dez 2020

....
....
....
....
....
....

Dienstag - 08. Dez 2020

....
....
....
....
....
....

Mittwoch - 09. Dez 2020

....
....
....
....
....
....

Donnerstag - 10. Dez 2020

....
....
....
....
....
....

Freitag - 11. Dez 2020

....
....
....
....
....
....

Samstag - 12. Dez 2020

....
....
....
....
....
....

Sonntag - 13. Dez 2020

....
....
....
....
....
....

Anmerkungen

Wichtiges	Eiliges

Unwichtiges	Nicht Eiliges

Vorbereiten

Verfolgen

Lesen

Anschauen

Montag - 14. Dez 2020

....
....
....
....
....
....

Dienstag - 15. Dez 2020

....
....
....
....
....
....

Mittwoch - 16. Dez 2020

....
....
....
....
....
....

Donnerstag - 17. Dez 2020

....
....
....
....
....
....

Freitag - 18. Dez 2020

....
....
....
....
....
....

Samstag - 19. Dez 2020

....
....
....
....
....
....

Sonntag - 20. Dez 2020

Anmerkungen

Wichtiges	Eiliges

Unwichtiges	Nicht Eiliges

Vorbereiten

Verfolgen

Lesen

Anschauen

Montag - 21. Dez 2020

Dienstag - 22. Dez 2020

Mittwoch - 23. Dez 2020

Donnerstag - 24. Dez 2020

Freitag - 25. Dez 2020

Samstag - 26. Dez 2020

Sonntag - 27. Dez 2020

Anmerkungen

Wichtiges	Eiliges

Unwichtiges	Nicht Eiliges

Vorbereiten

Verfolgen

Lesen

Anschauen

Montag - 28. Dez 2020

....
....
....
....
....
....

Dienstag - 29. Dez 2020

....
....
....
....
....
....

Mittwoch - 30. Dez 2020

....
....
....
....
....
....

Donnerstag - 31. Dez 2020

....
....
....
....
....
....

Freitag - 01 Jan 2021

....
....
....
....
....
....

Samstag - 02 Jan 2021

....
....
....
....
....
....

Sonntag - 03 Jan 2021

Anmerkungen

Wichtiges	Eiliges

Unwichtiges	Nicht Eiliges

Vorbereiten

....
....
....
....
....
....
....
....
....
....

Verfolgen

....
....
....
....
....
....
....
....
....
....

Lesen

....
....
....
....
....
....
....
....
....
....

Anschauen

....
....
....
....
....
....
....
....
....
....